SIMPLE NOTE

SUR LES

MESURES URGENTES A PRENDRE

POUR RÉPONDRE AUX

VŒUX DE L'ALGÉRIE

PRÉSENTÉE PAR

MM. DU PRÉ DE SAINT-MAUR & PAUL VIGUIER

AU NOM

DES COLONS ALGÉRIENS

27 Janvier 1870

OBSERVATION.

La présente Note n'apporte pas des idées nouvelles ni particulières.

Elle s'est inspirée des déclarations des trois provinces Algériennes : Elle a pour objet, à la veille des délibérations des grands Corps de l'Etat, de présenter succinctement le véritable état de la question, et le point précis sur lequel portent les appréhensions de l'Algérie.

SIMPLE NOTE

SUP LES

MESURES URGENTES A PRENDRE

POUR RÉPONDRE AUX

VŒUX DE L'ALGÉRIE.

L'opinion publique en Algérie réclame incontestablement et unanimement une seule chose :

L'abandon radical, effectif, sans retour possible, du *royaume arabe*, c'est-à-dire de toutes les traditions, de tous les préjugés, de toutes les organisations de pouvoirs que ce royaume arabe comportait.

Par royaume arabe nous entendons cette erreur déplorable, funeste aux colons et *surtout aux indigènes*, par suite de laquelle la métropole, se défiant en Algérie de ses propres enfants et de ses propres institutions, sacrifiant aux préférences d'un jour la saine notion de ses droits et de ses devoirs historiques, a compromis dans ce pays sa mission providentielle, et cessé d'y voir « un vaste royaume à assimiler à la » France. »

Et qu'est-il arrivé ? — On a confié à un *bureau* arabe, dit *politique*, le soin de fabriquer des lois *musulmanes*, plus parfaites et plus sages que les nôtres ; — on a demandé le salut de la société indigène, privée de lois temporelles, non à l'action rédemptrice de la législation moderne, mais à l'introduction *régulière*, et à l'application systématiquement exagérée du dogme religieux dans le règlement des intérêts ; — on a fait de la colonisation, non avec les colons et par les colons, mais par un bruyant étalage de divers systèmes, qui n'ont eu de commun que leur impuissance et le *rôle* **passif** qu'ils assignaient à nos pionniers. On a partagé le pays en deux zones, et l'on a dit : « Ici je fais de la colonisation, là je n'en fais pas. »

Les bureaux arabes formaient autrefois déjà une administration dans l'administration ; le bureau politique est devenu un gouvernement dans le gouvernement,... ou plutôt il est devenu lui-même le gouvernement, cimentant chaque jour davantage le lien qui rattachait les pouvoirs militaires à des circonscriptions placées sous des constitutions légales exceptionnelles.

Ce bureau politique a obéi, pour son compte, à cette loi de croissance et de conservation qui est la loi de toutes les institutions humaines ; il a organisé de toutes pièces un véritable État musulman qui n'existait pas avant lui ; il a conçu, sur un territoire français, ici des pays policés, là des pays arabes échappant à tout contrôle et privés de toutes les garanties qui auraient dû caractériser l'administration française comme un bienfait. — Il a ainsi séparé les indigènes de la civilisation moderne par tous les progrès qu'il rêvait pour les uns et qu'il s'obstinait à ne plus emprunter à l'autre.

Il a légitimé plus que jamais les répugnances de l'émigration pour un pays dont l'autorité prétendait commander à la baguette toutes les évolutions, et dont les franchises suivaient celles de la métropole à longue distance au lieu de les partager toujours et de les devancer quelquefois.

Nous serons justes, et nous dirons que cela était inévitable : la responsabilité en retombe bien moins sur les hommes que sur l'institution elle-même.

L'erreur dont nous parlons s'est présentée sous les séduisantes apparences de la générosité et de la tolérance pour les usages d'une population devenue française, dont nous avions à respecter les dogmes, mais dont nous devrions rompre la routine et relever résolûment la décrépitude ; elle a, en réalité, imposé à la colonisation et à la civilisation de l'Algérie un véritable temps d'arrêt. C'est elle qui a conduit à y installer un dualisme monstrueux, ayant besoin pour subsister d'admettre au détriment des indigènes une règle sociale différant de la nôtre, se développant *par notre fait* côte-à-côte et **parallèlement** avec la nôtre, destinée par suite à ne la rencontrer jamais et à l'exclure indéfiniment.

Voilà l'erreur que l'Algérie avait repoussée dès le premier jour, et que les durs enseignements de l'expérience ont impérieusement conseillé d'abandonner, quand on a vu les indigènes décimés partout où ils étaient seuls, sauvés partout où ils se trouvaient mêlés à nous.

Mais le jour où le Gouvernement a fini par reconnaître qu'il y avait « quelque chose à faire » et que la situation tendait à engager gravement sa responsabilité, qu'a-t-il imaginé? La Commission de la guerre.

Il a, pour aviser, fait appel, il y a neuf mois, à une Commission nommée autoritairement, sur les propositions du département de la guerre.

La majorité de cette Commission, toute artificielle, s'est trouvée composée de ceux-là précisément qui avaient été les partisans bien connus de ce même royaume arabe qu'il s'agissait de réformer, de ceux-là même qui l'auraient fait s'il avait jamais pu l'être, et qui devaient le défendre encore au nom de leurs anciens préjugés.

Ce n'était pas le moyen de préserver les conceptions à intervenir des défiances pernicieuses qui avaient été accréditées contre nos missionnaires du travail national; et l'on s'adressait ainsi, bien imprudemment, pour résoudre le problème, à ceux qui avaient de prime-abord éliminé le seul élément possible de sa solution.

Ce n'était pas le moyen d'arriver à reconnaître nettement que ce royaume arabe ne pouvait constituer autre chose qu'une chimère, un anachronisme dans l'histoire, un piédestal pour une de ces institutions hybrides auxquelles le contact de l'islamisme et de la chrétienté a de tout temps donné naissance, et dont les membres, empruntés à l'armée, devaient se trouver fatalement, et avec les meilleures intentions du monde, conduits à stériliser tous ses anciens et héroïques sacrifices.

Ce n'est donc pas d'une telle Commission qu'il était humainement possible d'attendre l'abandon du royaume arabe, des exagérations autoritaires, et des moyens généraux qui avaient prévalu jusqu'alors dans la politique des gouvernements militaires.

Tout esprit impartial conviendra qu'avec tout le désir imaginable de bien faire au point de vue particulier de ceux qui la composent, malgré le bon vouloir même d'une minorité libérale que l'Algérie voudrait mieux connaître, cette Commission est *plus propre à restaurer les anciens errements ou à les* PERPÉTUER *sous une* **nouvelle forme,** qu'à en assurer la complète et efficace transformation.

trois demande l'Algérie.

L'Algérie, que rien n'a pu arrêter dans la poursuite de ses destinées, et qui puise dans ses intérêts compromis une clairvoyance dont la métropole devrait bien profiter quand elle songe à les étudier, avait à faire de cet abandon du royaume arabe une réalité : —

A faire admettre sans arrière-pensée que le colon était le meilleur ami et *le seul instrument possible* du progrès des indigènes, puisqu'il y était le plus directement intéressé ; —

à faire considérer désormais comme un danger et comme un crime de lèse-patrie et de lèse-civilisation tout ce qui tendrait à établir dans le Tell une *barrière légale* s'opposant à l'application féconde de notre *droit commun* ; —

à faire succéder chez elle une politique nationale à une politique d'engouement, d'exceptions et de tâtonnements ; —

à assurer, en un mot, chez elle *comme en France,* la prépondérance du vœu public—qui y voit toujours clair—sur les combinaisons autoritaires qui ressemblent trop souvent à des lanternes magiques qu'on aurait oublié d'éclairer.

Pour y parvenir, l'Algérie a demandé trois choses, également légitimes, également conformes aux règles universellement admises dans les sociétés modernes et libres :

1° Elle a demandé, avant tout, qu'il ne fût pas disposé d'elle, qu'il ne fût pas pris à son égard de mesures quelconques (soit constitutionnelles, soit même simplement organiques) **sans qu'elle eût été entendue.**

Cette demande est tellement juste et simple, elle s'impose d'elle-même avec une telle force au nom de toutes les traditions de notre droit public, que les plus grands efforts du gouvernement algérien depuis trois mois ont eu pour objet de convoquer des **fonctionnaires** algériens pour se persuader que la commission avait entendu l'Algérie.

L'Algérie a protesté et proteste par ses conseils généraux, par de nombreuses pétitions adressées au Sénat et aux membres du Corps législatif (1), par l'abstention des personnes les plus autorisées, par *tous* ses journaux enfin, à l'exception de ceux qui sont bien connus pour appartenir au bureau arabe politique.

Nous ne pouvons, à cette occasion, nous dispenser de faire observer que ce bureau arabe s'étant, comme on sait, confondu en Algérie avec le *Gouvernement* profite, pour perpétuer sa politique et l'existence même du système qu'il personnifie, des puissants moyens d'action qui devraient servir exclusivement à seconder l'œuvre nationale des pouvoirs publics.

Il a ainsi fondé une doctrine gouvernementale et *bien pensante*, disposée à se payer de concessions apparentes, et à laisser en fait la suprématie politique, dans la majeure partie du territoire, non aux représentants de notre génie moderne et civilisateur, mais aux anciens détenteurs des commandements.

—Il se retranche derrière les *bonnes intentions*... du gouverneur général, et espère faire oublier que depuis sept ans, grâce à sa doctrine et sous son influence, ces intentions se sont constamment traduites par des **actes** qui les désavouaient et conduisaient à l'opposé du but.

---

(1) Voir les documents annexés à la présente note.

Cette confusion du bureau politique et du gouvernement peut seule expliquer comment les protestations unanimes de tout un pays ont pu être considérées jusqu'ici comme si elles n'existaient pas.

Est-il équitablement possible de leur opposer un plus long déni de justice ?

Et la France, qui trouve bon de se gouverner elle-même conformément à ses pensées sur toute chose, peut-elle vouloir imposer à l'Algérie sa destinée sans même lui demander ce qu'elle en pense ?

2° L'Algérie, pour être entendue, demande en outre la parole légale par la voix de mandataires régulièrement issus du suffrage de tous ses citoyens.

Elle demande l'élection des membres français de ses conseils généraux, et d'un député au moins par province au Corps législatif.

Elle le demande comme la restitution libérale d'un droit dont une période tourmentée dans l'histoire de la mère-patrie a pu la priver momentanément, mais qu'elle avait déjà exercé autrefois, et qui avait marqué le moment où la colonisation avait posé dans le pays ses plus nombreux jalons.

Elle fait observer que la naturalisation en Algérie étant pour les habitants *non citoyens* de ce pays, une porte ouverte à deux battants au profit de ceux qui veulent faire acte d'adhésion à la France et à ses lois, l'exercice des droits électoraux politiques, *qui est intimement lié au titre de citoyen,* conserve malgré la diversité des races son caractère *d'universalité,* puisqu'il est à la portée de *tous* les individus et n'exclut aucun de ceux qui, prétendant concourir à faire la loi, consentent à s'y soumettre.

Elle soutient encore que la représentation d'un pays presque aussi grand que la France par *trois* députés, loin de paraître libérale quant au nombre, comme il arrive si l'on invoque à la lettre le chiffre des citoyens-électeurs inscrits dans chaque province, se présente dans des conditions excessivement restreintes, si l'on se reporte au chiffre de la population effectivement et moralement représentée (1).

Aussi bien ne paraît-il plus guère y avoir de résistance sérieuse contre la pensée de donner trois députés à l'Algérie, de la part même de ceux qui s'y opposaient le plus fortement autrefois.

Seulement ils voudraient disposer de l'Algérie *d'abord* et donner cet acte de tardive justice pour laisser-passer à une organisation nouvelle qui engagerait encore l'avenir du pays pour un certain temps, et le laisserait au fond dans les mêmes mains que par le passé.

L'Algérie, au contraire, demande des mandataires élus **avant toute autre chose** : car, si elle les demande, ce n'est pas pour le plaisir de les avoir, c'est pour qu'ils servent précisément à édifier, sans contestation possible, les grands Corps de l'Etat et le Gouvernement lui-même sur la manière dont elle comprend le *reste ;* c'est pour substituer à ses cris unanimes, mais confus, sa parole légale, qui saura se faire écouter ; c'est pour placer ses aspirations, trop longtemps méconnues, sous la sauvegarde salutaire de ses majorités.

3° L'Algérie, enfin, demande à n'avoir pas d'autre régime constitutionnel que celui de la France, dont elle prétend être la continuation sur l'autre rive de la Méditerranée, et dont elle n'est séparée, comme la Corse, que par une traversée de de quelques heures.

Elle proteste contre l'abus qui a été fait et que l'on pourrait faire encore de l'article 27 de la Constitution du 14 janvier 1852 pour dessaisir le Corps législatif de la connaissance des lois spéciales qui peuvent, dans certains cas particuliers, lui être nécessaires.

Elle reconnaît, en l'état actuel des choses, la compétence du Sénat quand il s'agit de remplir pour elle les lacunes de la Constitution existante ou de modifier les sénatus-con-

---

(1) La population de l'Algérie étant *le treizième* de celle de la France, si l'on prenait pour base de la représentation non plus le chiffre des électeurs mais le chiffre des êtres humains qui vivent dans le pays et y ont des intérêts, le nombre des députés à accorder à l'Algérie serait, d'après la législation actuelle, le treizième de 287, soit 22.

sultes ; mais elle demande à ressortir au Corps législatif toutes les fois qu'il s'agit de sa législation.

Elle peut, en effet, se distinguer du reste de la France par certains côtés de la loi, quand la règle publique a besoin de disposer en vue de circonstances qui lui sont propres ou se rattachent à la juxtaposition des races distinctes qui y vivent. Mais elle ne saurait en aucun cas différer de la métropole continentale par la base même du contrat politique et social : car les Constitutions sont faites pour déterminer les conditions d'existence même de la souveraineté dans une nation, et il est impossible de les concevoir dans un empire autrement que reposant sur des principes uniformes, autrement que présentant le caractère essentiel de l'unité.

L'article 27 de la Constitution de 1852 était ainsi conçu :

« Le Sénat règle par un sénatus-consulte : 1° la constitu-« tion des Colonies et de l'Algérie. »...

Or qu'est-il arrivé ? — C'est que le pouvoir constituant, pendant ces dix-huit dernières années, s'est parfaitement rendu compte de ce besoin *d'unité* dans la constitution fondamentale de la nation, et que, pouvant faire *une* constitution spéciale pour l'Algérie par un sénatus-consulte, il s'est abstenu de la lui faire.

Il a compris, non-seulement l'inconvénient qu'il pouvait y avoir à emprisonner dans une constitution fixe le tempérament toujours variable d'une société de récente formation, mais aussi le danger qu'il y aurait à transporter dans le domaine virtuel de la doctrine écrite le caractère *d'exception* qui n'était déjà que trop imposé à ce pays tout voisin de la France par la répartition anormale des pouvoirs publics chargés de le régir.

Il l'a laissé vivre pendant 18 années, sans lui donner une autre vie nationale que la vie de la France elle-même, opposant ainsi une véritable prescription *de fait* à un article qui avait eu surtout pour but, au moment de son édiction, de ne pas compliquer, par l'étude de questions spéciales et mal connues, les termes du plébiscite métropolitain.

Le gouvernement impérial a littéralement homologué, quant à l'Algérie, cette *prescription* morale de l'article 27, en venant le 27 octobre 1858, le 10 décembre 1860 et le 7 juillet 1864, régler *par de simples décrets* tout ce qui se rattachait aux formes successives qu'il jugeait convenable de donner au Gouvernement lui-même et à la haute administration de l'Algérie.

Et nous ajouterons que, si l'on arrive aujourd'hui à reconnaître la nécessité de transformer ce Gouvernement une nouvelle fois, ces décrets antérieurs sont là pour établir que les organisations à intervenir *doivent* émaner, comme eux, du pouvoir exécutif et *non du pouvoir constituant.*

Seulement, — et c'est là l'abus contre lequel l'Algérie proteste, — le Sénat n'ayant pas fait, et avec raison, *le sénatus-consulte* par lequel il aurait pu séparer l'Algérie de la France, a été chargé, par une application extensive et véritablement regrettable de cet article 27, de régler pour l'Algérie des points qui étaient essentiellement du domaine de la législation..... comme par exemple les conditions de la reconnaissance de la propriété immobilière chez les Arabes. — Ces conditions rentraient doublement dans la compétence du Corps législatif, et par le caractère même de leur espèce, et par le tort que la législation à intervenir pouvait occasionner au domaine de l'Etat : ce domaine, la France l'avait payé de son sang ; il était le véritable patrimoine colonial de l'avenir. Si des raisons politiques commandaient subitement de l'abandonner, c'est au Corps législatif qu'il eût dû appartenir de les apprécier.

Il y a eu là une positive *erreur de compétence,* qu'il s'agit aujourd'hui de ne pas renouveler et dont il y a lieu de prevenir à tout jamais le retour.

Il est donc impossible d'admettre que le rapport de la commission de la Guerre puisse être transformé en **un** sénatus-consulte.

Conséquences possibles du rapport de la Commission.

S'il conclut, comme on l'annonce, à des élections, c'est bien au Sénat qu'il appartiendra de restituer explicitement aux citoyens de l'Algérie leurs anciens droits.

Si,—ce que nous n'avons pas sujet de prévoir,—ce rapport s'occupait de mettre la législation fondamentale d'accord avec les faits et de faire déclarer que l'article 27 de la Constitution de 1852 est devenu pour l'Algérie sans objet, c'est bien encore au Sénat qu'incomberait le soin d'introduire ce progrès dans la lettre de la Constitution.

Mais si, reconnaissant en fait et d'accord avec le bon sens public qu'il s'agit pour l'Algérie, non d'une Constitution, mais d'une simple réorganisation administrative, le rapport s'applique à en prévoir les bases, ces réorganisations rentrent incontestablement dans la compétence exclusive du pouvoir exécutif duquel *sont émanées les dispositions dernières de même espèce* ; et c'est à ce pouvoir qu'il appartiendra, avant d'en prendre de nouvelles, d'éclairer sa religion en donnant légalement la parole à des représentants réguliers de l'Algérie ou de couvrir par avance sa propre responsabilité en laissant parler ceux de la métropole et s'inspirant des sentiments de la majorité du Corps législatif.

Aussi bien est-il grandement temps que la Commission algérienne mette fin à ses travaux et dépose son rapport.

Ce rapport avait été annoncé au Corps législatif comme devant être prêt pour le 20 janvier (1). La Commission, depuis neuf mois quelle existe, a eu le temps de produire toute la lumière que le département de la Guerre pouvait attendre des conclusions de sa majorité.

Il s'agit, en somme, de déterminer, non pas telles ou telles convenances de détail, mais les tendances définitives de notre politique, telles que l'intérêt bien compris de la France les lui impose.

Il devient indispensable que l'étude d'un intérêt aussi grave sorte du huis-clos pour être éclairée au grand jour, et que la discussion de systèmes INCESSAMMENT TRANSFORMÉS soit enfin transportée pour le public sur un terrain solide, sans comporter au dernier moment de surprise pour les Corps délibérants.

L'opinion algérienne, très-légitimement alarmée depuis plusieurs mois, s'escrime contre l'inconnu.

---

(1) Déclaration de S. E. le ministre de la guerre, au Corps législatif, dans la séance du 21 décembre 1869.

Elle redoute les concessions illusoires ou partielles à la faveur desquelles *le système ancien*, Protée insaisissable, cherche à se faire conserver.

Elle crie de toutes ses forces à la France que ces concessions n'auront de valeur réelle et efficace que si ce même système n'est pas chargé de *présider* à leur application.

Si donc le gouvernement, se défiant, *comme c'est son devoir*, des legs d'un passé qui a donné de déplorables résultats, n'acceptant que sous bénéfice d'inventaire le testament d'une doctrine mourante mais désireuse de se survivre, veut écouter enfin la voix d'un pays qui a beaucoup souffert et n'a encore jamais été entendu, s'il veut procéder avec méthode et à l'abri d'erreurs que l'histoire des dernières années suffit pour lui prédire, voici ce qu'il a lieu de faire :

1° Faire clore, déposer et *publier* sans plus de retard le rapport de la Commission algérienne, afin que cette publication précède d'un certain intervalle (moralement suffisant pour l'étude ou pour la contradiction) le jour où les grands Corps de l'État seront appelés à exprimer leur sentiment sur nos affaires;

2° Soumettre à la sanction du Sénat un projet de sénatus-consulte ainsi conçu :

« *Art.* 1er. L'article 27 de la Constitution du 14 janvier 1852 « cesse d'être applicable à l'Algérie qui sera régie de plein « droit par la Constitution de l'Empire.

« Elle restera désormais soumise, comme la France et de « la même manière que la France, à la juridiction soit du « pouvoir constituant, soit du pouvoir législatif.

« *Art.* 2. L'Algérie enverra immédiatement trois députés « au Corps législatif, un pour chacune des trois provinces.

« Ces députés seront élus au suffrage universel par tous les « citoyens français de chaque province, jouissant de leurs « droits civils et politiques, quelque soit le mode d'adminis-

« tration ou de commandement appliqué au territoire dans
« lequel ils auront leur domicile politique.

« *Art.* 3. Les lois électorales de la France seront toujours
« et de plein-droit applicables à l'Algérie.

« *Art.* 4. Les membres français des Conseils généraux de
« l'Algérie seront désormais, et avant la session prochaine,
« nommés à l'élection par le suffrage universel.

« Des lois ou des règlements d'administration publique
« détermineront, ou modifieront, quand il y aura lieu, les
« circonscriptions électorales, la composition et les attribu-
« tions de ces conseils, ou les dispositions de détail qui s'y
« rattachent, ainsi que le mode de leur délégation auprès du
« pouvoir centralisateur, toutes les fois que ce pouvoir sera
« lui-même délégué. »

Et 3° Présenter au Corps législatif les projets de loi nécessaires pour assurer à bref délai les élections dans les trois
provinces, sans rien innover d'ailleurs à la situation des
membres indigènes des Conseils généraux, conformément
aux vœux de ces conseils.

De telles mesures combleraient les vœux de l'Algérie tout
entière. Elles remettraient le pays en possession de ses destinées sans les préjuger ; elles montreraient aux populations
que la France les appelle à se rendre en Algérie, non plus
comme des ilotes déshérités et suspects, mais comme des missionnaires honorés du travail national, seuls maîtres de leur
œuvre et des efforts qu'elle comporte dans l'intérêt de la civilisation de la race indigène ; enfin elles n'exposeraient pas le
gouvernement à adopter des combinaisons sur lesquelles,
pour la vingtième fois, les vrais intéressés n'auraient pas été
admis à se prononcer.

Nous ne voulons pas préjuger de ce qu'ils pourront dire
dans le détail des problèmes complexes dont leurs représentants auront à liquider l'arriéré.

Mais nous croyons que l'Algérie tout entière sera d'accord, le jour où elle pourra parler, pour demander d'urgence, et avant toute autre réforme : Enquête parlementaire

1° Une enquête parlementaire (1), qui succèderait aux tâtonnements d'un véritable conseil de guerre administratif ;

2° La suppression du bureau arabe *politique* et la restitution naturelle de son rôle de centralisation et de son influence au secrétariat général du gouvernement, sous quelque nom que ce gouvernement doive être appelé plus tard à fonctionner. Suppression du bureau arabe politique.

Le Corps législatif et le cabinet parlementaire pourraient à cet égard devancer les vœux du pays, s'ils veulent aller plus vite et arriver enfin à *y voir clair*.

<table>
<tr><td>

JULES DU PRÉ DE SAINT-MAUR,

Colon à Arbal (Oran), membre et ancien président du Conseil général d'Oran, président de la Chambre consultative d'agriculture, ancien délégué de cette province au Conseil supérieur ;
(6, rond-point des Champs-Elysées.)

</td><td>

PAUL VIGUIER,

Colon à Bou-Far (Guelma), membre et secrétaire du Conseil général de Constantine, ancien délégué de cette province au Conseil supérieur de l'Algérie, etc.;
(46, avenue Malakoff.)

</td></tr>
</table>

Tous deux anciens présidents du *bureau des Vœux* dans leurs Conseils généraux respectifs, et notamment pendant la dernière session (Octobre 1869).

Au nom d'un nombre considérable de Colons algériens.

---

(1) Cette enquête parlementaire est nécessaire par des raisons analogues à celles qui motivent en France une enquête du même genre relativement au régime économique et commercial.

Paris.—Typographie de E. Brière, 257, rue Saint-Honoré.

146

www.ingramcontent.com/pod-product-compliance
Lightning Source LLC
Chambersburg PA
CBHW061226050726

47594CB00008B/3822